AF589902

HORIZONS

E.D. Blodgett

HORIZONS

LES ÉDITIONS DU BLÉ

Nous remercions le Conseil des arts du Canada et le Conseil des arts du Manitoba de l'aide accordée à notre programme de publication.

Nous reconnaissons l'appui financier de la Direction des arts de Sports, Culture et Patrimoine de la province du Manitoba.

Maquette de couverture : Philippe Dupas, Appeal Graphics Inc.
Illustration de la couverture : Lorraine Pritchard
Mise en pages : Philippe Dupas, Appeal Graphics Inc.

Les Éditions du Blé
340, boulevard Provencher
Saint-Boniface (Manitoba) R2H 0G7
http://ble.avoslivres.ca

Distribution en librairie : Diffusion Dimedia, St-Laurent (Québec)

Catalogage avant publication de Bibliothèque et Archives Canada
Blodgett, E. D. (Edward Dickinson), 1935-, auteur
Horizons / E.D. Blodgett.

Poèmes.
Publié en format imprimé (s) et électronique (s).
Textes en français ou en anglais.
ISBN 978-2-924378-41-0 (couverture souple).
ISBN 978-2-924378-42-7 (PDF).
ISBN 978-2-924378-50-2 (EPUB).

I. Titre.

PS8553.L56H67 2016 C841'.54 C2016-904693-1F
C2016-904694-XF

Library and Archives Canada Cataloguing in Publication
Blodgett, E. D. (Edward Dickinson), 1935-, author
Horizons / E.D. Blodgett.

Poems.
Issued in print and electronic formats.
Text in French or English.
ISBN 978-2-924378-41-0 (paperback).
ISBN 978-2-924378-42-7 (PDF).
ISBN 978-2-924378-50-2 (EPUB)

I. Title.

PS8553.L56H67 2016 C841'.54 C2016-904693-1E
C2016-904694-XE

Irenae

dilectae uxori meae

AVANT-PROPOS

Horizons. Voici un livre comme je les aime. Léger, avec un centre et un sens de gravité. Il faut un encrage parfait (on me pardonnera ce jeu de mots et cette allusion à ce qui est fondamental à l'écriture chinoise et japonaise) pour traverser la matière du papier et s'élever. Je songe à Basho :

J'ai ramassé une pierre
semblable à un encrier
contenant les rosées

En quoi la légèreté trouve son orbite. Livre facile à emporter. Il est aisé de s'envoler.

Professeur et critique littéraire, traducteur, E.D. Blodgett est un poète de langue anglaise de grande réputation, qui a remporté le Prix du Gouverneur général en 1996. Il a par ailleurs publié quatre livres aux éditions du Noroît, certains dans des traductions *non-traductions*, comme les a qualifiées Jacques Brault, et sa renommée ne m'a pas attendu pour se faire.

C'est plutôt en raison de la nature même du recueil qu'on m'a demandé d'en faire la préface. Un livre *bilingue* qui n'est pas une traduction. C'est dire que les poèmes français ne constituent pas une version de l'anglais et les poèmes anglais ne sont pas une adaptation du texte français. Il s'agit simplement d'un livre écrit dans les deux langues, en alternance.

Ce choix d'édition n'est sans doute réalisable qu'en milieu minoritaire où, bien sûr, la très grande majorité des francophones connaissent l'autre langue officielle. C'est leur réalité et *Horizons* est un recueil qui ne peut être pleinement lu que par ce type d'individus. Heureux qui est bilingue. On se doute bien que ce genre d'édition – qui n'est pas une traduction en regard – n'est pas un projet pour les éditeurs québécois, ou canadiens de langue anglaise. Il faut féliciter les Éditions du Blé d'avoir choisi de publier le texte.

Horizons s'approche plus véridiquement de ce qui a été qualifié *d'écriture simultanée*, où les deux langues agissent dans une même sphère de regard, d'approche, de sensibilité malgré leurs différences, ou bien plutôt en exaltant les différences, pour retrouver une unicité de *réflexion*, ce à quoi, justement, les poèmes nous convient.

De fait, les poèmes français et anglais se rejoignent dans une espèce de bruissement méditatif. À part quelques endroits choisis, surtout vers la fin – le recueil atteignant une espèce de ponctuation de clôture –, où l'utilisation du « Et » et du « And » au début du vers permet de lier le poème à celui qui le précède ou nous entraîne à faire un retour en arrière et à relire le poème antérieur de même langue, c'est dans l'ensemble frémissant de leurs juxtapositions que les poèmes correspondent.

Le recueil, bien condensé (ou largement étendu, comme on veut) dans son titre *Horizons*, évoque une pensée du poète Bunan (1603-1676) :

Si nous pouvons nous envoler en sens inverse et horizontal,
Il n'y a pas de mien qui ne soit pas mien.

Vers que Masumi Shibata présente ainsi : « Cette poésie est très connue des philosophes japonais car elle exprime bien la relation entre Absolu et relatif. Le relatif ne peut s'approcher de l'Absolu directement à la verticale dans le sens idéaliste. C'est plutôt l'Absolu qui s'empare du relatif. C'est là le sens inverse et horizontal. »

Dans ce recueil, la poésie de Blodgett est réduite à son essentiel : le vers unique, le monostique ou *one line poem* en anglais. Le poète fait une utilisation souple de deux formes classiques, l'alexandrin en français et le pentamètre iambique en anglais. En fait, le poète utilise l'expression de *vers brisé* pour parler de son travail qui scinde le vers afin de le présenter graphiquement sur deux lignes. On peut se rappeler que les Romantiques et bien d'autres ont travaillé le déplacement de la césure au centre des deux hémistiches classiques de l'alexandrin afin de libérer le vers. Et il est préférable de parler de dodécasyllabe pour qualifier le vers français de Blodgett. Mais qu'il s'agisse de l'alexandrin ou de l'accentuation dans le pentamètre iambique, c'est davantage vers le haïku qu'il faut se tourner pour saisir l'horizon scriptural des poèmes. Plutôt que de césure, c'est du *kireji* du haïku qu'il faut parler, véritable coupure qui permet l'éveil, la surprise, l'appréciation. Si les poèmes de ce recueil, comme le fait le haïku, célèbrent l'évanescence des choses, le *wabi* et *sabi* de leur nature, la simplicité (et par le fait même l'émerveillement) de la préhension, c'est par la brisure, le *kireji*, que tout passe. Une pause, un blanc, une éclaircie, le véritable silence de la poésie. C'est dans ce moment vide que surgissent les « choses » avant de retourner à leur origine, nous rappelant ce qu'écrivait Shitao vers 1710 : « Les gens croient que la peinture et l'écriture consistent à reproduire les formes et la ressemblance. Non ! Le pinceau sert à faire sortir les choses du chaos. »

Ainsi, chez Blodgett, l'étendue horizontale du vers est brisée à ce point de vacillement pour se former sur deux lignes. Cette superposition du vers sur lui-même permet d'atteindre formellement l'élévation spirituelle que décrivait Masumi Shibata. On voit loin. Et haut. Verticale à l'horizon.

J.R. Léveillé

FOREWORD

Horizons. This is my kind of book. Light, with a core and a certain gravitas. It takes a stroke of genius (I may be forgiven this allusion to a fundamental element of Chinese and Japanese writing) to ink the page and then rise above it. It calls to mind Basho:

I picked up a stone
like an inkwell
holding dew

And so lightness finds its path. *Horizons*, light enough to carry, ready for flight.

Well-respected English-language poet and winner of the Governor General's Award in 1996, E.D. Blodgett is a professor, literary critic, and translator. He has also published four books in French with Les Éditions du Noroît: what Jacques Brault called "non-translation translations". He needs no introduction.

It's no doubt because of the nature of this book that I was asked to write the foreword. This bilingual book is

not a translation; the poems in French are not versions of the English poems, and those in English are not an adaptation of the French. It is simply a book written in two languages, alternating between them. Such a book lends itself perfectly to being published in a minority language community where most Francophones speak the other official language. This is their reality and *Horizons* is a book best appreciated by readers fluent in both languages. Happy is he who is bilingual.
The publication of such a book—emphatically not a translation—is not a project for Québécois or Anglo Canadian publishers. Les Éditions du Blé must be congratulated for taking it on.

Horizons most closely resembles what has been called simultaneous writing, where the two languages share the same visual space, approach, and sensitivity despite their differences—or rather highlighting these differences—in order to recover a unified field of thought: that is the point, in fact, where they come together

In fact, the French and English poems come together in a kind of meditative murmur. With the exception of a few specific places, primarily toward the end when the collection achieves a kind of final punctuation, where the use of "Et" and "And" at the beginning of a verse allows the reader to connect the poem to the preceding one or draws the reader back to the most recent poem in the same language, it is in the quivering whole of their juxtapositions that the poems truly speak.

The title, *Horizons*, well focused (or expansive, depending on one's perspective) calls to mind an aphorism from the poet Bunan (1603-1676):

If we can take flight in reverse and horizontally
There is no mine which is not mine.

Masumi Shibata puts it this way: "This verse is well-known to Japanese philosophers because it so clearly articulates the relationship between the Absolute and the relative. The relative cannot approach the Absolute directly (vertically) in the idealist sense. Rather, it is the Absolute that seizes the relative. This is the meaning of *in reverse and horizontally.*"

In *Horizons*, Blodgett's poetry is distilled to its essence, the monostich or one-line poem. The poet makes supple use of two classical forms, the French alexandrine and the English iambic pentameter. He refers to his practice of splitting a verse in order to present it on two lines as "broken line". It conjures the Romantics and others who played with moving the break (cesura) in the center of the two classic alexandrine hemistichs in order to free them. Blodgett's French verses are more accurately referred to as dodecasyllabic. But whether it's the break in the alexandrine verse or the stress in the iambic pentameter, the best vantage point from which to view the poems' scriptural horizon is the haiku. The haiku's *kireji* offers a real break which invites awakening, surprise, appreciation. If, like haiku, the poems in this collection celebrate the evanescence of things, the *wabi* and *sabi* of their nature, the simplicity (and thus the wonder) of understanding, it begins with the break, the *kireji*. A pause, a gap, an opening, the true silence of poetry. This is the space into which "things" appear before returning from whence they came, recalling the words of Shitao circa 1710: "People believe that painting and writing consist of reproducing form and likeness. No! The brush draws things from chaos."

And so with Blodgett, the horizontal line breaks at the tipping point to produce two lines; the line superimposed on itself gives form to the spiritual elevation evoked by Masumi Shibata. We see clearly. We grasp far and wide. A vertical horizon.

Translated by Anne Molgat
The Japanese and Chinese excerpts were adapted from the French version.

HORIZONS

1 Our hands touch
the eyes of the blind are open

2 Du Sting tu siffles le thème
mon cœur rebondit

3 A tree stands up in your eyes
and takes root

4 Les yeux de Gabrielle Roy
noir ensoleillé

5 Butterflies are God
speaking through fire

6 Tes mots se gravent dans mon cœur
une fleur œuvre

7 The heart has a small door
whose key is lost

8 Entre le foyer et le lointain
est ma maison

9 Tears unable to fall
caress the moon

10 La vie
allégorie de petits pas perdue

11 Silence of hands
prayers rising like smoke

12 Jeune soleil dans les feuilles
le chant d'une mésange

13 The sea feathered with snow
Icarus dies

14 Pourquoi pourquoi pourquoi écho
près de l'étang

15 If the stars
breathed like you all night

16 Le hibou chantait la nuit
ou plutôt l'air

17 We heard the silence of
departed birds

18 Mozart parmi ses violons
papillon ivre

19 Cover me in grass
the day is done

20 Pétales enfin tombent
lent tombeau du printemps

21 Going out
last appeal of the fire

22

Un printemps
sans fin qui attend son renouveau

23

By pure chance
pebbles take their place

24

Dans ton pays les villages
prient au soleil

25

Reading a book
God sat down beside me

26

Égarés dans l'éternité
les pèlerins

27

You love the trains at night
their solitudes

28 Dans ce coin du paradis
seuls les enfants chantent

29 Berries and birds on a branch
dance in the wind

30 Le silence de Rimbaud
s'envole avec la neige

31 Singularity of death
just once

32 Un souffle dans les pins
les dieux chuchotent

33 Gazing at clouds
childhoods passing away

34 Rumi tourne autour du vide
du Dieu qui sourit

35 War came in spring
flowers fell

36 Tous les points de fuite fuient
à travers le cœur

37
The greater moon
that lifts the tides of the heart

38
Branches où perle la pluie
Dieu respire

39
The dooryard waits
for lilacs to flower at last

40

L’haleine des dieux
où le vide se dévoile

41

Sound asleep in God
friend and foe

42

Par un matin pluvieux
roucoulent les colombes

43 How does God
fit inside the mind

44 Apocalypse
que chantent les petits cailloux

45 Vespers ring
twilight embraces the world

46 D'où viennent-elles
toutes les lunes dit-elle

47 The moon is one said he
it is your heart

48 Tel un enfant qui pleure
ou peut-être le vent

49 Always sotto voce
God goes out

50 Où sont-elles
la lune et les étoiles d'antan

51 Myself is found there
wherever you are

52 Les vieilles pommes tombent
d’une lune automnale

53 Serene the Buddha arrived
serene he left

54 Elle murmure des mots
on dirait une fleur

55

Tears lay over me
and all the stars

56

L'horizon l'horizon
douleur de tout matelot

57

Alone in a field
blue with butterflies

58 Les arbres près du ciel
foyer des jeunes anges

59 The rain going away
music for lute

60 Dans les flocons de neige
Dieu dort sans s'éveiller

A child's eyes
61
a slow fugue of Bach

Lentes solitudes
62
et bateaux dans la brume

Steeple bells
63
music from emptiness

64 La mer pousse un soupir
coquilles sur la grève

65 After children leave
silence cries out

66 Une lente infinité
de tes yeux la lumière

67 God is the memory
of last things

68 Un arbre qui se tait
une prière douce

69 Children of the flames
apocalypse

70 Dans leurs églises les icônes
chuchotent la nuit

71 Ecstasy of flowers
and stones in the rain

72 Les vagues sur la plage
toute chose revient

Quakers talk
73
and no one says a word

Un champ plein d'abeilles
74
petits dieux qui dansent

Here and gone
75
footsteps on the sand

76 Chants des oiseaux à l’aube
harmonie fortuite

77 A swerve of atoms
brief sharing of joy

78 Les semailles encore
rentrée de la mort

79
Noah adrift
among the anagoges

80
L'absence des oiseaux
qu'ils créent en partant

81
After the war
armistice of time

82 La beauté des montagnes
chemin du paradis

83 Gravity
we carry it away

84 Éthérée la pluie
qui monte dans ton cœur

85 The light in your eyes
gone moonless night

86 Sur les tombes de neige
les jeunes fleurs s'élèvent

87 Purity
the dance of fireflies

88 Pourquoi les rayons du soleil
et puis la pluie

89 Doves descend
light full of grace

90 Le sommeil du messie
expirant les siècles

91 What is singing
but cathedrals awake

92 Mélancolique Trieste
tristesse des vagues

93 Prairie wind
bare bones of being

94 Une plage de galets la mer
refluant râle

95 Stillness as if
God were seen at prayer

96 L'éternité
entre nous à notre insu

97 Your hands a cup
where the universe sleeps

98 Un papillon s’élève
vérité prismatique

99 Time on your hands
eternity in your heart

100 Le vide sans musique
où Dieu danse tout seul

101 Going home
sitting beside the moon

102 L'âme où Dieu respire
un lent cerf-volant sans fil

103 Planets in your arms
daily harvest

104 Les lilas les lilas
Un dieu content s'y cache

105 Drops of rain on a pond
koto music

106 Sur la terre debout
sans fond dans l'éternel

107 Awake we are blind
asleep the world wakes

108 Les fleurs que l'on ne voit pas
fleurs dans l'éternel

109 Why do willows sigh
before the rain

110 Seul l'esprit qui reflue
attend lentement l'être

111 The first snow falls
where being hides

112 Un oiseau solitaire
ouvre plaintif la nuit

113 Wisdom sitting in the sun
smiling

114 Sternes dans les vagues
symbiose joyeuse

115 Flies in amber
cold immortalities

116 Éphémères solaires
qui s’éclipsent le soir

117 Your voice of crystal bells
the night dissolves

118 Le chant des étourneaux
c'est le monde qui rit

119 Gravity
residence of stones

120 Et à quoi pensent-ils
tous les roseaux pensants

121 The little ponds
that only see heaven

122 Les fleurs du désert fleurissent
ex nihilo

123 Who exhales
such rain that barely rains

124 D’où tombent-elles ces étoiles
dans ton cœur

125 Wind through autumn willows
burning bush

126 Que c’est loin l’étoile qui se lève
dans ton œil

127 Herons on the shore
rivers pause

128 Éclat de tout caillou
louange du soleil

129 Swallows dip
light dropping low

130 Tu souris lentement
on dirait une aubade

131 Humility
on every blade of grass

132 Les pleurs doux de Quichotte
lentement l'été meurt

133 Water spills from fountains
the sun in shards

134 Dans le noir enterrées
les racines s'amusent

135 Maples at sunset
divinities on fire

Un champ de lis blancs
136
les licornes s’y couchent

Adoration
137
lifting up the stars

Toutes les salamandres
138
qui dansent dans leurs feux

The certainty of prophets
139
calming the seas

Ensevelie de poudre
140
la vieille chambre dort

A lotus opens water
141
offering itself

142 Les fleurs du mal qui cherchent
dans nos veines leurs souches

143 Salmon returning from sea
homing on death

144 Le chant des grenouilles
l'air que nous partageons

145

Farewell farewell
buoys ring in fog

146

Les chandelles brûlant
l’obscurité tout près

147

Shadows over the sea
the moon at play

148 Visages au crépuscule
des ombres sur les murs

149 Acrobats who stroll
from star to star

150 La musique des sphères
se tait au point du jour

151 Forgotten roads
ghosts along the way

152 Lorsque parle le noir
c'est la lune qui chante

153 Holiness holds
all the sleeping trees

154 C'est la primavera
et toi une fleur bleue

155 Not snow
it is the kabbalah that falls

156 Saluons l'herbe verte
son retour immortel

157 Kurelek's children
leap across the sky

158 Nausicaä à l'aurore
fougère s'ouvrant

159 As if the universe
were merely waiting

160 La renaissance pure
les immortelles blanches

161 We are toys
God played with as a child

162 Moines à leurs matines
la lumière céleste

Framed by a window
163 all the world one has

Les neiges d'antan tombent
164 en silence dans l'âme

Small treasures on a shelf
165 your life

166 Tous les cieux et l'enfer
on les porte partout

167 People on a beach
gazing at air

168 Si le monde était autrement
phrase sans fin

169 Being holds us
no possible escape

170 L'amour nous déifie
comme une jeune lune

171 No nightingale that does not sigh
amen

172 Monteverdi mourant
miroite au crépuscule

173 Layers of afternoon
sleep entwined

174 Les hirondelles planent
seul le cœur danse ainsi

175 No one heard the bird
depart into air

176 Les druides et l'arbre
mystères mutuels

177 The blood of God
bursts from a murdered child

178 Lotus sur l'étang
lune pure qui éclot

179 For the blind
their light never fades

180 Mirage de Venise
se regardant tout seul

181 The birds' return
ceremonies of joy

182 Un petit vase blanc
qui enserre le vide

183 Bede's sparrow
at home in the great dark

184 Seule l'âme perdure
dans l'invisible seul

185 Going home
maze with no end

186 Aux obsèques de Dieu
tous les mots s'évaporent

187 Linden trees
embrace all lovers

188 La plume de Montaigne
chant perdu dans les saules

189 Love
sleep from which waking appalls

190 Éclipse du soleil
mort momentanée

191 What indifferent gods
hold your hand

192 Les miroirs de tes yeux
où Narcisse s'endort

193 Reading alone
the mind a smaller cosmos

194 Les baleines chantonnent
chorales de la mer

195 Asters in bloom
snow waking up

196 Des fugues plus lentes
les ombres dans les cèdres

197 The child that you were
runs in your bones

198 Fleurs de cornouiller
douce offrande absolue

199 Walking asleep
at home in the dreaming world

200 Les annonciations
sacralisent l'oreille

201 Rivers flow
through the mind deep and still

202 Nous sommes poussière
et le moindre moineau

203 Fiery red birds
alight on the ground

204 Calligraphie absente
des griffes délicates

205 Inscribed in the earth
words our ancestors spoke

206 Quel monde orange bleu
notre jouet d'enfant

207 Sun in a cloudless sky
a child's face

208 Les oiseaux qui dansent
au-dessus de sa tête

209 The grapes of wrath
terror of falling bombs

210 Les guerres poussent
comme des champignons fous

211 The moon sets
absence rises in its wake

212 Dans les vieux puits
les voix des amis oubliés

213 Into the beautiful
the final birds

214 La beauté de tes yeux
chanson de grands oiseaux

215 Silent peaks
the gods have all fled

216 Quelle divinité
dort dans les moindres feuilles

217 Asleep in a desert
God is but a mirage

218 Dans toute pièta
la vierge défaille

219 Endings keep on
as far as their old departures

220 Au seuil
de la mort seul on attend la vie

221 Perhaps there is no soul
and we are dust

222 Et peut-être la pluie
le reste de la grâce

223 Who forgets
all the rivers of life

224 Toutes les rivières
se souviennent de nous

225 And in their memory
we float on their waters

226 Cygnes sur les rivières
blanches et illisibles

227 The sea of God
bearing all away

228 La mer
vieille fable de murmures perdus

NOTE

Je voudrais témoigner ma vive reconnaissance à tous ceux et celles qui ont si soigneusement lu ces vers à divers moments de leur incarnation, si je puis dire, et je remercie surtout mes amis Réjean Beaudoin, Jacques Brault, Lucie Lambert et Robert Melançon pour leurs suggestions éclairantes.

Je voudrais aussi exprimer ma reconnaissance à François Dumont qui m'a fait cadeau de son merveilleux livre, Brisures, lors d'une rencontre au colloque qui a célébré le centenaire de la naissance de Saint-Denys Garneau – belle conjointure de poètes et de jeux de poésie.

NOTE

I extend my profound thanks to those who so carefully read these lines at various points in their evolution, and especially thank my friends Réjean Beaudoin, Jacques Brault, Lucie Lambert, and Robert Melançon for their enlightening suggestions.

I would also like to thank François Dumont for the gift of his wonderful book *Brisures* when we were at a conference celebrating the centenary of the birth of Saint-Denys Garneau—a lovely meeting of poets and poetic games.

BIOGRAPHIE

E. D. Blodgett est membre de la Société royale du Canada, professeur d'université émérite et ancien titulaire du professorat Louis Desrochers en Études canadiennes (2008-2010) à l'Université de l'Alberta. Deux de ses livres – *Apostrophes: Woman at a Piano* et *Transfiguration*, écrit avec Jacques Brault – ont reçu le prix du Gouverneur général pour, respectivement, la poésie (1996) et la traduction (1998). Poète lauréat de la ville d'Edmonton (2007-2009), il a publié de nombreux ouvrages dont plus d'une vingtaine de recueils de poésie, parmi lesquels *Phrases* (Éditions du Noroît, 2012), *As If* (University of Alberta Press, 2014) et *Speak Only to the Moon*, une traduction de poèmes rimés de Rumi avec Manijeh Mannani (Afshar Publishing, 2014).

BIOGRAPHY

E. D. Blodgett is a fellow of the Royal Society of Canada, professor emeritus and former holder of the Louis Desrochers Chair in Canadian Studies (2008-2010) at the University of Alberta's Campus Saint-Jean. Two of his books—*Apostrophes: Woman at a Piano* and *Transfiguration*, written with Jacques Brault won Governor General's Awards for poetry (1996) and translation (1998) respectively. He was Edmonton's Poet Laureate from 2007 to 2009 and has published a number of books, among them *Phrases* (Éditions du Noroît, 2012), *As If* (University of Alberta Press, 2014), and *Speak Only to the Moon*, a translation of rhymed poems by Rumi, with Manijeh Mannani (Afshar Publishing, 2014).

www.ingramcontent.com/pod-product-compliance
Ingram Content Group UK Ltd.
Pitfield, Milton Keynes, MK11 3LW, UK
UKHW022013260726
13994UKWH00006B/2438

9 782924 378410